北京语言大学对外汉语
R&DC 教材研发中心规划项目

对外汉语长期进修教材

第4级

10 LEVEL CHINESE
拾级汉语

主编：吴中伟 高顺全 陶炼 编著：陈钰

写作课本
Writing

北京语言大学出版社
BEIJING LANGUAGE AND CULTURE UNIVERSITY PRESS

图书在版编目（CIP）数据

拾级汉语·第4级·写作课本/吴中伟，高顺全，陶炼主编；陈钰编著.—北京：北京语言大学出版社，2010.8（2018.1重印）
ISBN 978-7-5619-2844-8

Ⅰ.①拾… Ⅱ.①吴… ②高… ③陶… ④陈… Ⅲ.①汉语—写作—对外汉语教学—教材 Ⅳ.①H195.4

中国版本图书馆CIP数据核字（2010）第167417号

书　　名：拾级汉语·第4级·写作课本
中文编辑：陈维昌
英文编辑：孙玉婷
封面设计：张　娜
责任印制：周　燚

出版发行：北京语言大学出版社
社　　址：北京市海淀区学院路15号　邮政编码：100083
网　　址：www.blcup.com
电　　话：发行部　82303650 / 3591 / 3651
　　　　　编辑部　82303647
　　　　　读者服务部　82303653
　　　　　网上订购电话　82303908
　　　　　客户服务信箱　service@blcup.com
印　　刷：北京京华虎彩印刷有限公司
经　　销：全国新华书店

版　　次：2010年8月第1版　2018年1月第3次印刷
开　　本：787毫米×1092毫米　1/16　印张：6.5（写作练习本1.25）
字　　数：88千字
书　　号：ISBN 978－7－5619－2844－8 / H·10221
定　　价：32.00元

凡有印装质量问题，本社负责调换。电话：82303590

编写说明

本套系列教材可供各国来华学习汉语的长期进修生使用，也可供其他类型的学习者选择使用。旨在发展学习者听、说、读、写各项语言技能，培养汉语语言能力和汉语交际能力。学习者也可选择系列中的一部分，用于提高某一方面的语言技能。

对长期进修学生的汉语教学有其显著的特点。他们学习汉语半年或半年以上，初、中、高水平不等，在汉语基础、技能发展、学习期限、学习目标等方面呈现出极大的差异性和多样性。不同母语背景的学生一般混合编班教学，每周20课时左右。面对上述特点，我们在教学设计上需要有更多的灵活性，在教材结构上需要有更强的针对性，在教学容量上需要有更大的弹性。

国家汉办《高等学校外国留学生汉语教学大纲·长期进修》在“教材编写与选用”中提出：“各有关教学单位应根据长期进修教学的特点，编写、选用适用于不同等级的、小循环的教材。每册书的教学周期不宜超过一个学期（初、中等的两级，高等的一级），一级一册更为适宜。”本教材系列正是一套以《高等学校外国留学生汉语教学大纲·长期进修》为依据进行总体结构设计的“适宜教材”。

本教材系列的最大特点在于：细化层级，逐层递进。

根据长期进修教学的特点，我们认为，长期进修教学宜以教学级次而不是年级来划分，教学级次就好像是一层层阶梯，学习者通过分班考试，根据汉语水平，对应不同级次，编入相应班级，从而各得其所，拾级而上。根据《高等学校外国留学生汉语教学大纲·长期进修》，我们把级次分为：初等4级，中等4级，高等2级，共10级。其中初、中等分得比较细，各分4个级次，每级大约需要8周左右（第一级前2周为“起步”阶段），一个学期可完成2级。高等分2个级次，每级大约需要16周左右（一个学期）。在教材设计上，按级分册（另加“起步”一册），分别配置相应的听、说、读、写课本，从而构成本套纵横配套的系列教材。全部学完《拾级汉语》，学习者可达到高级汉语水平。

此外，本教材系列还具有以下特点：

一、多重循环，逐步深化。

每册教材在内容上具有相对的完整性，各册教材在语言项目上的联系不是靠简单的承接，而是靠螺旋式的小循环来实现。这样，学习者可以根据自己的水平，在不同的级次上进入本教材的学习序列。

二、纵横配套，相辅相成。

1. 兼顾系统性和实用性。一方面要循序渐进，另一方面要急用先学，综合课、读写课系列侧重于系统性，听说课、泛读课系列侧重于实用性。

2. 课型随教学阶段的变化而变化，在初级阶段以综合为主，中级阶段加强技能训练的针对性，高级阶段适当考虑语言能力的专门化。

3. 区分语体风格。各课型在语体特色和语体教学上各有侧重，相互配合。

4. 词汇教学由各门课共同承担，实现总词汇量的分流。

三、简明实用，发展创新。

1. 注意教学安排的可操作性，板块处理的简明性，版面设计的人性化。

2. 重视课文内容的趣味性、真实性，强调语言教学的交际性、实用性。

3. 吸收汉语本体研究成果、汉语学习规律和汉语教学规律的研究成果。重视语汇教学、汉字教学，吸收任务型教学法的特点。

本套系列教材共45本，其总体结构基于以下课程设计。谨列表如下，供使用者参考：

课型 / 周课时 / 级次				听说					读			写		周课时
		起步	综合	听说	听力	新闻听力	口语	社会焦点	精读	泛读	报刊阅读	写字	写作	
初	一	20												20
			12	6								2		
	二		12	6								2		
	三		10		4		4			2			2	
	四		10		4		4			2			2	
中	五				4		4		8	2			2	20
	六				4		4		8	2			2	
	七				4		4		8	2			2	
	八				4		4		8	2			2	
高	九					2		4	6		2			14
	十					2		4	6		2			

各级次的周课时一般为20课时。第3、4级次的“泛读”教材，可以作为课外阅读材料，不单独设课。本表中第9、10级次的周课时为14课时，可辅以一定量的选修课，这里不列。

本教材系列的总体设计和编写工作由三位主编合作主持，各有侧重，大致分工如下：

吴中伟：负责“起步”、第1级至第4级的“综合”课本、第3级、第4级的“泛读”课本、所有的“写字”、“写作”课本。

高顺全：负责第5级至第10级的“精读”、“泛读”课本，以及“新闻听力”、“社会焦点”和“报刊阅读”课本。

陶　炼：负责所有的“听说”课本、“听力”课本和“口语”课本。

从长期进修教学的特点出发，本套教材各册之间既相互衔接配套，又有相对独立性，因此，使用者既可以采用整套教材，也可以根据各自的不同情况，选用其中的一部分。《拾级汉语》系列教材在出版前大多已在复旦大学国际文化交流学院试用过，但是肯定还会存在不足、疏漏之处，请各位同行批评指正！

编　者

本册使用说明

《拾级汉语》写作课本覆盖从第3到第8级，共6个级次，其中第3、4级次属于初级写作，第5、6、7、8级次属于中级写作。

本册是《拾级汉语》第4级写作课本，共8课，设计目标为8周，每周学1课，每课2课时，共16课时（不包括考试）完成。

下面就本册教材的主要特点作以说明，供教师参考。

一、关于写作内容

实用性是激发学生学习动机的重要因素。本册教材从留学生在中国的学习、生活实际出发，选取七个主题，每课围绕同一主题展开，以内容为中心，兼顾文体。

在现实生活中，写作或是个人情感的抒发，或是书面交际的需要，对第二语言的初学者来说，后者更为重要。在本册教材中，我们重视写作的书面交际功能，强调作者与读者交流的真实目的性。练习大都有明确的交际目的和阅读对象，也希望教师将学生是否成功完成书面交际任务作为基本评估标准。

考虑到课堂教学的特点，我们也设计了一些类似游戏的写作活动，以增加教学的趣味性，当然，这些活动是辅助性的。

二、关于教学设计

本册第一至七课均包括四个部分：（1）小组讨论，（2）热身练习，（3）语言小贴士，（4）写作练习。前三个部分为写前准备阶段，为学生开始写作进行准备和铺垫。其中，“小组讨论”提示本课主题，通过学生之间的交流来打开写作思路，激发写作兴趣。“热身练习”要求学生独立阅读一些简单的语言材料，并完成相关的理解性练习，从而进一步理解写作内容，激活相关语言知识。“语言小贴士”则针对某个语言点进行讲解和操练，是以直接的方式帮助学生进行语言准备。第四部分“写作练习”是每课的核心部分。

写作课的价值在于写作过程本身。写作过程中为完成书面交际任务而进行的学习、尝试、修改，是提高书面表达水平的关键。教师应注意鼓励学生在写作过程中勇于尝试，反复修改；应引导学生互为读者，在交互阅读过程中就内容本身向对方作出真实反馈，根据对方反馈进一步完善语言形式；对于学生的写作产品，教师应及时批改，重点讲评。

第八课为复习课，旨在通过集中回顾、梳理，在前七课的基础上，促使学生在书面表达上实现阶段性飞跃。

三、关于输入材料

在本教材中，我们提示了相关文体的格式要求，列举了相关内容的表达方式，但不提供范文。我们鼓励学生创造性使用语言，写出具有自己风格和特色的作品。

但是，考虑到使用本册的学生语言积累有限，我们以附录的形式提供了相应的语言材料，这些语言材料有的是用文字记录的口语，有的是经过适当修改的真实书面语材料，其主要作用是为学生提供内容表达的基础，同时，也为学生提供可参考的语言形式，在某种意义上起到了范文的作用。

除附录以外，本册大量图片也是输入材料的有机组成部分，应引起重视。

四、其他

每课中出现的生词，标注拼音，并配有英语解释，教师无须讲解，学生可根据需要有选择地识记。在语言小贴士中，一些列举词语没有标注拼音和解释，教师可以在课堂上讲解，也可以要求学生在课前做好预习。

由于第八课复习时需要学生回顾自己第一至七课的作业，所以教师从一开始就应提醒学生保留这些作业。

书后附有词汇表和前七课部分练习的参考答案，方便教师上课和学生自学。词汇表以词语出现的先后顺序按课编排。

本书附有配套《写作练习本》，供学生写作练习使用。

由于时间和水平的关系，本教材肯定存在这样那样的问题，希望广大使用者能对本教材提出批评和建议，以帮助我们进一步修改。

Contents

目录

Contents

Contents

1

LESSON 1

第1课

míngxìnpiàn, postcard

写明信片

Writing a Postcard

一、小组讨论 Group Discussion

你去哪些地方旅行过？你最喜欢哪里，为什么？

Which places did you travel to? Which one is your favorite, and why?

二、热身练习 Warm-up Exercises

1. 阅读下面的明信片，回答问题。

Read the postcards below and answer the questions.

明信片1

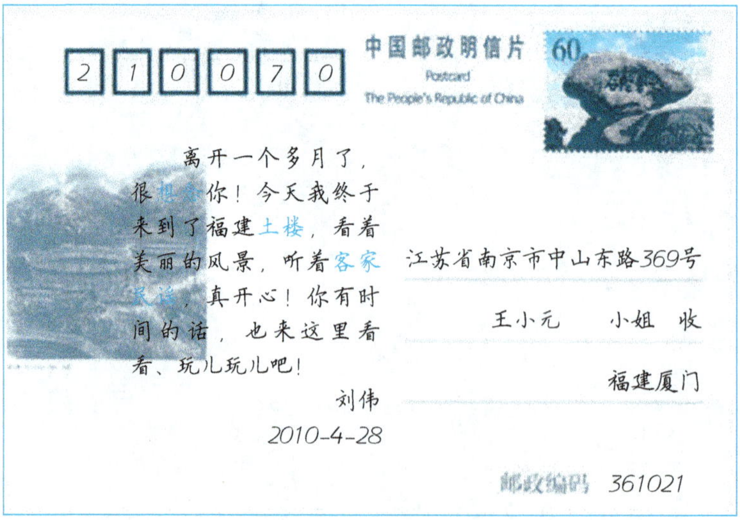

2 1 0 0 7 0

中国邮政明信片
Postcard
The People's Republic of China

离开一个多月了，很想念你！今天我终于来到了福建土楼，看着美丽的风景，听着客家民谣，真开心！你有时间的话，也来这里看看、玩儿玩儿吧！

刘伟

2010-4-28

江苏省南京市中山东路369号

王小元　　小姐　收

福建厦门

邮政编码　361021

想念 xiǎngniàn to miss

土楼 tǔlóu earth building

客家 kèjiā Hakka

民谣 mínyáo folk song

（1）这是谁写的明信片？写明信片的人对这次旅行的感觉怎么样？

____

（2）写明信片的人在哪里旅行？那儿的邮政编码是多少？

____

（3）这张明信片要寄到哪里？

____

明信片2

超强 chāoqiáng
super powerful

担心 dānxīn
worried

迷路 mílù
to get lost

方向感 fāngxiànggǎn
sense of direction

（1）小林在哪里？Shelly在哪里？

____

（2）Shelly以前去过北京吗？她觉得北京怎么样？

____

（3）Shelly旅行时带了什么东西？为什么要带？

____

2. 阅读课后附录或听老师读，填写下面的表格。

Read or listen to the teacher read Appendix 1, and complete the form below.

旅行的地方	
当地的特点	
有名的风景点	
当地的天气	
当地的美食	
当地人的特点	
旅行的感受	

三、语言小贴士 Language Tips

常用的汉语书面问候语 Chinese Greetings Commonly Used in Written Language

在汉语口语中，最常见的问候语自然是“您好”、“你好”，或根据一天中时间的不同，也常说“早上好”、“晚上好”等。有时候，我们也说“去哪儿”、“去哪里”等。

在书面语中，比如书信的开头，也常用“您好”、“你好”这样的问候语。由于双方不见面，常常还会再写一些表示想念的内容，如“好久不见，近况如何”、“近来一切可好”、“久未通信，甚念”等。

好久 hǎojiǔ
long time
近况如何 jìnkuàng rúhé
how are you recently
近来一切可好 jìnlái yíqiè kě hǎo
how is everything going recently
久未通信 jiǔ wèi tōng xìn
haven't written to you for a long time
甚念 shèn niàn
to miss somebody very much

想一想，下列问候方式哪些是书面语的，哪些是口语的？

Decide which of the greetings are of written language and which are of oral language.

（1）好久没见，最近怎么样啊？

（2）近来一切可好？

（3）嗨，早上好！出去啊？

（4）下班了？

（5）近况如何？

四、写作练习 Writing Exercises

1. 你去哪些地方旅行过？那些地方都有什么特色？根据你的旅行经历，填写下面的表格。

Which places did you travel to and what are the characteristics of these places? Complete the form below based on your travelling experiences.

我旅行过的地方				
国家	城市	美食	风景点	风景点特色
中国	北京	北京烤鸭	长城	古老、雄伟

烤鸭 kǎoyā
roast duck

长城 Chángchéng
the Great Wall

古老 gǔlǎo
old

雄伟 xióngwěi
majestic

2. 根据上面表格里填写的内容，用几句话分别描述你去过的那些地方。

Describe the places you have been to with a few sentences according to the form above.

例：北京是中国的首都，我在北京吃了美味的北京烤鸭，还爬上了世界著名的长城。长城非常古老，也非常雄伟。爬长城很累，但是爬上长城，看到美丽的风景时，我觉得特别高兴。“不到长城非好汉”，今天我也成了“好汉”了。

首都 shǒudū capital

美味 měiwèi delicious

著名 zhùmíng famous

不到长城非好汉 bú dào Chángchéng fēi hǎohàn He who has never been to the Great Wall is not a true man.

3. 从上面的表格中选择三个地方，设计三张明信片，分别给你的汉语老师、中国朋友和同学，写上你想说的话，注意书面问候语的使用，请写在练习本上。每封50字左右。

Choose three places you have been to from the form above and write three postcards, one to your Chinese teacher, one to your Chinese friend and one to your classmate. Pay attention to the use of greetings in written language. Write them down in the workbook (about 50 characters for each card).

附录 Appendix 1

一篇旅行日记

2010年6月15日 晴

北京是中国的首都。今天我到了北京，我的第一印象就是：马路很宽，人很多，天气很热。可惜的是，我起得太晚了，在天安门广场我没有看到升旗仪式，下次再来北京的时候，我一定早早起来，去看一下儿。

我今天参观了长城，还吃了美味的北京烤鸭。长城非常古老，也非常雄伟。爬长城很累，上面的风也很大，但是爬上长城，看到美丽的风景时，我觉得特别高兴。“不到长

印象 yìnxiàng impression
可惜 kěxī pity
广场 guǎngchǎng square
升旗 shēng qí to raise a flog
仪式 yíshì ceremony

城非好汉”，今天我也成了“好汉”了。

我很喜欢北京，也喜欢北京人。北京人都很热情，爱跟别人聊天。我希望明年能再来北京旅行！

热情 rèqíng
warm-hearted

2

LESSON 2

第2课

zū fáng, to rent an apartment

写租房启事

Writing a Notice for Renting an Apartment

一、小组讨论 Group Discussion

介绍一下你在中国的宿舍或公寓是怎么样的，里面有些什么，周围的环境怎么样。

环境 huánjìng, surrounding

Introduce your dorm or apartment in China. Describe both the inside and the surroundings.

二、热身练习 Warm-up Exercises

1. 阅读下面的合租启事，回答问题。

Read the notice to look for a roommate below and answer the questions.

合租启事

本人在世纪城租了一套三室两厅的房子，三楼，内有床、衣柜、沙发、写字台和一些简单的家电。小区周围有超市和饭店，交通方便。现欲出租其中的一间或两间，要求：女性，容易相处，社会关系简单，最好是大学生。房租面议。联系人：李小姐，电话：84744479。

合租 hézū joint renting
套 tào suite
衣柜 yīguì wardrobe
写字台 xiězìtái desk
欲 yù to want
相处 xiāngchǔ to get along with
社会关系 shèhuì guānxi social relations
面议 miànyì to negotiate face to face

（1）这个房子在哪里？

（2）房子里面有什么？

（3）小区周围环境怎么样？

（4）李小姐对合租人有什么要求？

（5）怎么跟李小姐联系？

2. 阅读下面的求租启事，你认为哪个人比较适合与上面启事中的李小姐合租，为什么？

Read the following notices for renting an apartment. Who do you think is the best match for Miss Li who is searching for a roommate in the notice above? Why?

A

求租启事

本人是一个文静的公司女职员，想在世纪城附近租两室一厅住房一套，合租也可，房子不要太老（10年以内），有基本的家具、家电。

联系人：王小姐

电　话：58900912

E-mail：XXYY@gmail.com

文静 wénjìng quiet and refined

基本 jīběn fundamental

B

求租启事

本人是财经大学学生，男，无不良爱好，喜欢干净。因学习需要，欲在世纪城附近租房一间，准备考研。简单装修，有床、写字台即可，价格500元以下。联系人：李××，联系电话：13898094567（下午5点以后打）。

无 wú
no

不良 bùliáng
bad

考研 kǎo yán
to take the entrance exams for a postgraduate program

装修 zhuāngxiū
to renovate

即可 jíkě
will be OK

C

求　租

求租世纪城附近，一室一厅或两室一厅的公寓一套，带厨房和卫生间，内有基本的生活设施。要求周围环境安静、整洁。联系人：姜小姐，联系方式：15827947334。

厨房 chúfáng
kitchen

卫生间 wèishēngjiān
wash room

生活设施 shēnghuó shèshī
living facilities

整洁 zhěngjié
tidy and clean

三、语言小贴士 Language Tips

空间顺序的描述方式 Order of Describing a Space

按照空间顺序来描述地方和事物，是一种常用的写作顺序。这种顺序可以是从前往后、先左后右，或从上到下、先中间后周围，或先外面后里面，等等。

在按照空间顺序描述地方和事物时，常常用到方位词。汉语的方位词有单音节的，也有双音节的，如“上”和“上面”。单音节的一般不能单独用，只能用在名词后面，如：桌子上放着一本汉语书。双音节的可以单独使用，也可以用在名词后面，如：这是一张白色的桌子，上面放着一本汉语书。或：桌子上面放着一本汉语书。

方位词 fāngwèicí
location word

单音节 dānyīnjié
monosyllable

双音节 shuāngyīnjié
disyllable

根据下面的图画，完成填空。

Fill in the blanks with proper words according to the pictures below.

天华公寓（见上图）在我们这个城市非常有名。公寓的________有一条小河，________是一个很大的超市，西边是一个________，公园里有一片很大的草地，北边是一个________。

我在这座公寓里有一套100多平方米的房子（见下图）。走进房间的大门，左边是________，________是餐厅，餐厅的西边是________。厨房的西边是书房。________在房子的最西边，________有一个小阳台。客厅的南边有一个大阳台，西边是________。客房在卫生间和孩子的卧室的________。

草地 cǎodì lawn
餐厅 cāntīng cafeteria
客厅 kètīng living room
客房 kèfáng guest room
卧室 wòshì bedroom

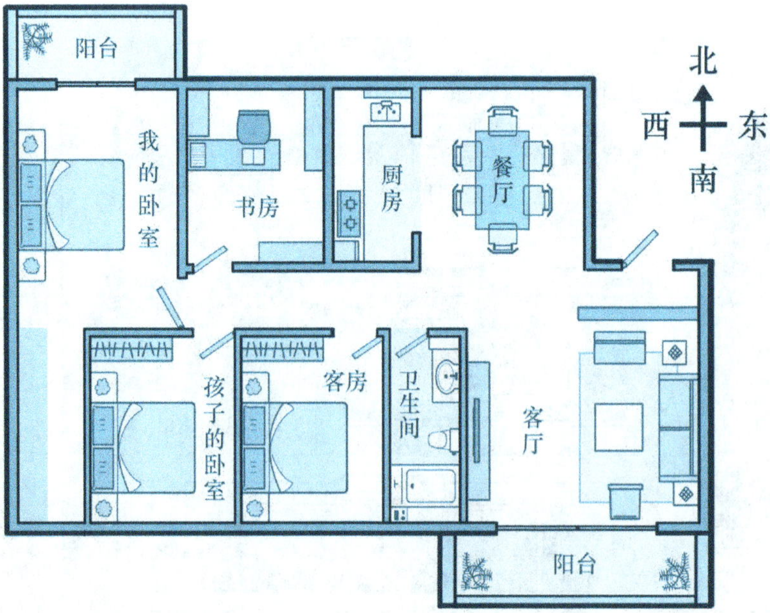

四、写作练习 Writing Exercises

1. 请帮助租房公司为上面这套公寓写一个出租启事。

Help a real estate agent write a rental notice for the apartment above.

2. 如果你租下了这套公寓，并想把其中的客房出租给别人，请你写一个合租启事。

If you have already rented the apartment above, and you want to rent the guest room to someone, write a notice to look for a roommate.

3. 请按照空间顺序向一位设计师描述你理想中的卧室，并写在练习本上。（300字左右）

Describe your ideal bedroom to a designer according to the order of describing a space. Write the description in the workbook (about 300 characters).

3 LESSON 3

第3课

zhuǎnràng, transfer

写转让启事

Writing a Notice for Sale

一、小组讨论 Group Discussion

你回国时，宿舍里哪些东西不能带走？不能带走的东西你打算怎么办呢？

When you leave for your motherland, which things in your dorm will not be carried away with you? How would you deal with them?

二、热身练习 Warm-up Exercises

1. 根据图片回答问题。

Answer the questions according to the pictures.

（1）找出和下面文字说明相对应的图片。

Match the descriptions with the pictures below.

A 书架，木头做的，耐用，易擦洗，宽60cm，深24cm，高180cm，上下分四层。

耐用 nàiyòng durable
易 yì easy
擦洗 cāxǐ to wipe
宽 kuān width
深 shēn depth

B 席梦思床垫，长2米，宽1.8米。美观大方。上面有床套，可拆下来清洗。

C 单人沙发，木头支脚。外套可拆下来，方便清洗，长93cm，宽90cm，高80cm。

床垫 chuángdiàn mattress
美观大方 měiguān dàfāng beautiful to look at
拆 chāi to remove
支脚 zhījiǎo supporting foot

（2）你的房间最需要上面图片中的哪件东西，为什么？

Look at the pictures. Which is the thing you need most for your room, and why?

____

（3）你的房间不需要上面图片中的哪件东西，为什么？

Look at the pictures. Which is the thing you don’t need for your room, and why?

____

2. 阅读下面两则转让启事，填写后面的表格。

Read the following two notices advertising personal items for sale and complete the form.

（1）

转让三星数码相机

转让九成新三星蓝调 I 8数码相机。

800万像素，2.7寸LCD屏。除了拍照以外，相机还可以播放MP4、MP3，读小说和查找旅行信息。你可以使用“世界旅游指南”功能得到30多个国家和地区的旅游信息，如当地酒店、特产等，是你的电子导游。

蓝调 I 8数码相机会让你的旅行变得更加丰富多彩。只要1000元！

联系人：陈小姐，联系电话：13000011234。

九成 jiǔchéng 90%

数码 shùmǎ digital

像素 xiàngsù pixel

播放 bōfàng to play (a tape, video, etc.)

功能 gōngnéng function

丰富多彩 fēngfù duōcǎi colorful

(2)

转让启事

由于搬家，急转冰箱和书桌。

容声冰箱，九成新，银灰色，高190cm。价格面议。

电脑桌，白色，八成新，大约100cm宽，150cm长。桌子上面有白色的书柜。价格面议。

可上门看货。联系人：何先生，联系电话：13197681234。

搬家 bān jiā
to move one's home

银灰色 yínhuīsè
silver gray

电脑 diànnǎo
computer

书柜 shūguì
bookcase

上门 shàng mén
to drop in

	启事1	启事2	
转让物品			
主要特点			
联 系 人			
联系电话			
希望价格			
其他说明			

三、语言小贴士 Language Tips

描述事物的常用方法 Commonly Used Methods to Describe Objects

xíngzhuàng, shape

描述事物，我们可以从不同角度进行，如事物的形状、特征、功能等。为了把事物描述得具体、形象、准确，我们可以举一个例子，打一个比方，用一些数字，或者跟别的事物作一下比较等，这些都是描述事物的常用方法。

☆ **找出和后面图片相应的语段，填在图下方的横线上，并写出物品的名称。**

Find the right description for each picture and then write the name of the object in the blank below the picture.

A. 桌面黑色，大约100cm宽，150cm长。左侧有可以放电脑和书的柜子。

B. 灰色，羊毛质地，韩国产。透气、保暖、舒适，特别适合老人在冬天穿。

C. 2010年上海世博会吉祥物。它像汉字中的“人”字。它的身体是蓝色的，肚子圆圆的，眼睛大大的，头发卷卷的，调皮又可爱。它伸开双手，像在热情地欢迎来自世界各国的朋友。

D. 黄色，和一般的自行车比，这种车具有体积小、重量轻、可折叠的特点。环保又方便，还很省钱。

E. 黑色翻盖，小巧时尚，500万像素，带GPS功能，引领3G新时代。

羊毛 yángmáo wool
质地 zhìdì texture
透气 tòuqì airy
保暖 bǎonuǎn warm
舒适 shūshì comfortable
世博会 Shìbóhuì World Exposition
吉祥物 jíxiángwù mascot
体积 tǐjī size
重量 zhòngliàng weight
折叠 zhédié to fold
环保 huánbǎo environment friendly
省钱 shěngqián economical
翻盖 fāngài flip (mobile phone)
时尚 shíshàng fashionable
引领 yǐnlǐng to lead

1

例：C，海宝

2

5

4

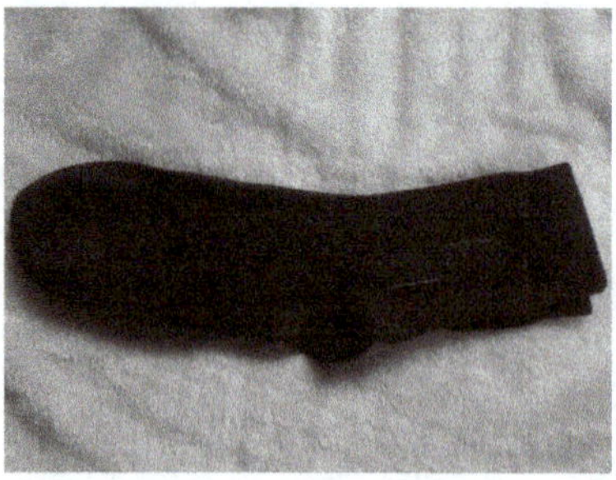

四、写作练习 Writing Exercises

1. 阅读或听老师读课后附录的对话，帮助乐西写一个手机的转让启事。

Read or listen to the teacher read the dialogue in Appendix 2, and help Lexi to write a notice advertising his mobile for sale.

2. 马上要回国了，你的宿舍里有哪些东西可以转让呢？请想出五件，填在下面的表格中，并选择其中三件物品，写一份转让启事。

Suppose that you are leaving for your country soon. Consider what you would like to sell. List five items to complete the form below and write a notice advertising three of them for sale.

物品	主要特点	希望价格	其他说明
联系方式			

转让启事

3. 选择合适的描述事物的方法，为你自己的手机写一个转让启事，请写在练习本上。（100字左右）

Write a notice advertising your mobile phone for sale using the proper method of describing objects. Write it in the workbook (about 100 characters).

附录 Appendix 2

考试结束后，桃子和乐西的一段对话

桃　子：快要回国了，乐西，你这几天在忙什么呀？

乐　西：我在中国买的东西太多了，一直在整理这些东西，真是累人！

桃　子：你打算把这些东西都带回国去吗？

乐　西：那怎么办？把它们扔了？

桃　子：你看我，有些东西我不想要了，就把它们送给了中国朋友，或者卖给了别人。

乐　西：卖给别人？真是个好主意。你是怎么卖的？

桃　子：简单。我写了一张转让启事，贴在校园里，没几天就有人给我打电话，我们商量好价格，他就拿走了。一共卖了多少钱，我也不记得了，反正不太多。

乐　西：这么说，我可以把我那个旧手机也

整理 zhěnglǐ
to arrange

扔 rēng
to throw

主意 zhǔyi
idea

商量 shāngliang
to talk over, to discuss

卖了，反正在西班牙我有更好的手机。

桃　子：可以啊，是你那个又厚又大的蓝色Nokia吗?

乐　西：又厚又大?我觉得还可以吧，拿在手里不觉得重啊，还可以拍照片呢。

桃　子：你打算卖多少钱?

乐　西：100块，应该可以吧?

桃　子：哦，应该可以。写一张转让启事，贴在校园里吧。

乐　西：好的。你也帮我问问你的朋友有没有兴趣。

桃　子：好的。你的手机号码是多少?

乐　西：你不是知道吗?

桃　子：我昨天把我的手机卖掉了，没有记你的号码。

乐　西：13678954534。

4

LESSON 4

第4课

记一个特别的人

Writing about a Special Person

一、小组讨论 Group Discussion

说说你们小组中每个同学有什么特点，至少给每个人找出三个以上的特点，可以是外貌、性格或其他方面的特点。

性格: xìnggé, personality

Talk about the characteristics of each member in your group, and find out at least three characteristics of each person, such as the appearance, personality or other characteristics.

二、热身练习 Warm-up Exercises

1. 头脑风暴：2–4人一组，用十个词语来描述你同伴的十个特点，写完后和同伴交换阅读。

   Brainstorm: Work in pairs or in small groups of 2 to 4, use ten words or phrases to describe ten characteristics of your partner or a group member, and then exchange your writings.

________	________	________
________	________	________
________	________	________
________	________	________

2. 看到下面每幅图画，你会想到哪一个人，为什么？

Who does each picture below remind you of, and why?

三、语言小贴士 Language Tips

主题句的位置和作用 The Position and Function of the Topic Sentence

主题句在文章中的作用非常重要，它是每个段落的主要内容。主题句出现在每段的开头、结尾或中间。

主题句放在开头，可以让读者很快抓住重点，后面根据这个主题句的内容详细展开，这种形式最常见。主题句放在结尾，起到一个概括的作用，一般前面是比较详细的描述，结尾用比较简短的句子作总结。主题句在中间，常常起到连接的作用，总结前半段内容，同时引出后半段内容。

重点 zhòngdiǎn
focal point

展开 zhǎnkāi
to develop

概括 gàikuò
summarization

连接 liánjiē
to connect (two themes)

找出下面几个语段的主题句，用____画出来。

Use "____" to mark the topic sentence of each passage below.

A. 我的妹妹今年13岁了。她的头发黑黑的，短短的；她的大眼睛一眨一眨，好像会说话；她圆圆的小脸，白里透红；还有她那张小嘴，说起话来甜甜的。她真是一个人见人爱的小姑娘。

B. 圆圆在学校听老师的话，爱学习，

白里透红
bái lǐ tòu hóng
(of complexion)
milk and rose

上课的时候很认真，下了课还经常帮助同学，常常受到老师的表扬。学校里的圆圆是个好孩子，可是家里的圆圆却完全不一样了。在家里，菜不好吃，圆圆就哭着不愿意吃；妈妈叫她扫地，她就假装没听见，继续玩儿她的游戏；特别是晚上睡觉时间到了，圆圆怎么都不肯睡，一直吵着还要看电视。

愿意 yuànyì
to be willing to
假装 jiǎzhuāng
to pretend
继续 jìxù
to continue
不肯 bù kěn
to refuse (to do)

C. 我的韩国朋友很喜欢跟人开玩笑。有一次，他在北京坐人力三轮车，那天天气特别好，车夫跟他聊天，问他凉快不凉快。到了目的地，该付钱的时候，他掏出两块钱给车夫，车夫很吃惊地说："怎么回事儿？才这么点儿！"他说："你不是说两块吗？哈哈……"原来，他故意把"凉快"说成"两块"，和车夫开玩笑呢！

开玩笑 kāi wánxiào,
to play a joke
人力三轮车
rénlì sānlúnchē
pedicab
车夫 chēfū
pedicab driver
凉快 liángkuai
cool

故意 gùyì
on purpose

四、写作练习 Writing Exercises

1. 阅读或听老师读课后附录留学生桃子和中国小朋友的一段对话，完成下面的表格。

Read or listen to the teacher read the dialogue between the international student Taozi and a Chinese kid in Appendix 3, and complete the form below.

表姐的特点	表现表姐特点的事情

2. 分别用主题句在开头和在结尾的两种方式，分两段写出这位中国小朋友的表姐的一个优点和一个缺点。可根据想象适当扩展内容，每段不少于200字。

Based on Appendix 3, write two paragraphs about the characteristics of the Chinese kid's cousin, respectively focusing on one of her merits and one weakness. The topic sentence of one paragraph should be put at the beginning and that of the other should be put at the end. Draw from your own imagination and add some details. Each paragraph should contain no less than 200 characters.

3. 向老师和同学介绍一个你熟悉的人，用具体的事情表现这个人的一个或几个特点，并注意主题句的使用。请写在练习本上。（300字左右）

Introduce a person whom you are familiar with to your teacher and classmates. Describe one or more of his/her characteristics with examples, using topic sentences in the proper way. Write the description in the workbook (about 300 characters).

附录 Appendix 3

留学生桃子和中国小朋友的一段对话

桃　子：小朋友，你好。

小朋友：你好，姐姐。

桃　子：我是日本留学生桃子，我想采访一下你。

采访 cǎifǎng to interview

小朋友：采访我？为什么？

桃　子：就问问你的家人，呵呵，为了做我的作业。

小朋友：我家有爸爸、妈妈、爷爷、奶奶、叔叔、姑姑、表姐、表弟……哎呀，人太多了，你想问谁呢？

桃　子：哇，真是一个大家庭！那说说你的表姐吧，我想你的表姐和我差不多大吧。

小朋友：我的表姐16岁了，她是一个小美女，有一双大眼睛，特别好看，还有一对酒窝呢。

桃　子：哦，是吗？

小朋友：我的表姐非常爱劳动，在学校

里，她经常主动打扫卫生。又擦黑板，又扫地，还帮同学们把桌子擦得干干净净的。

桃　子：那在家里呢？

小朋友：在家里，表姐也常常帮助她妈妈洗衣服、收拾房间。干活儿的时候，她每次都要做完才休息。

桃　子：你的表姐真是个好孩子。那你呢？你爱劳动吗？

小朋友：我不爱劳动，我怕累。在学校，我从来不主动打扫卫生，老师让我打扫，我没办法，只能扫一下。

桃　子：在家呢？

小朋友：我从来不帮妈妈干活儿。

桃　子：啊，那你爱学习吗？

小朋友：我也不爱学习。我表姐不一样，她爱劳动，也很爱学习。一次，我想让表姐和我一起玩儿，可表姐说："我的作业还没有做完呢，我不能和你玩儿。"

桃　子：那后来呢？

小朋友：后来我想了一个办法。因为表姐平

主动 zhǔdòng on one's own initiative

打扫卫生 dǎsǎo wèishēng to do some cleaning

黑板 hēibǎn blackboard

时最怕虫子了，于是，我就从外面抓了两只虫子，放在表姐的书桌上，想让表姐抬头时吓一跳。

桃　子：你真坏！

小朋友：可是我表姐没被吓着。

桃　子：为什么啊？

小朋友：因为我等了很长时间，表姐一直在看书，连头都没有抬。我觉得无聊了，只好拿着虫子自己出去玩儿了。

桃　子：你表姐真是一个好学生，你应该向她学习吧。

小朋友：我表姐也有不好的地方。

桃　子：是吗？是什么呢？能告诉我吗？

小朋友：有一次，我们大家在公园玩儿，正玩儿得开心，她忽然发现自己的裙子破了，她就一定要回家换一条再回公园玩儿。我和妈妈都觉得只是一个小小的洞，没有什么关系的，可是表姐却一定要回家。

桃　子：那你和妈妈怎么做的呢？

小朋友：我们只好一起回家了，真是扫兴。所以我有时候真是受不了我表姐这

抬头 tái tóu
to raise one's head

吓一跳 xià yí tiào
to get a scare

无聊 wúliáo
bored

洞 dòng
hole

扫兴 sǎoxìng
disappointing

受不了
shòu bù liǎo
can't stand

样太认真的性格。

桃　子：哦，是这样啊。谢谢你啊！我了解你表姐了。

小朋友：那你呢，你说说你的表姐吧？

桃　子：我的表姐？呵呵，我没有表姐。

5

LESSON 5

第5课

yìnxiàng, impression　　shēnkè, deep

记一件印象深刻的事

Writing about an Impressive Event

一、小组讨论 Group Discussion

你在中国的日子里，哪件事情给你留下的印象最深刻？为什么？

What has impressed you most during your stay in China, and why?

二、热身练习 Warm-up Exercises

1. 按时间顺序给下面的四幅漫画排序，并简短地介绍每幅画的内容，写在图下面的横线上。

Rearrange the following four pictures according to the chronological order, and write a concise description for each picture on the line below the picture.

（1）星期天上午九点，陈阿土下了飞机。他第一次到外国旅行，感觉很新鲜。

是"早上好，先生"的意思。
"Good morning, Sir" 是什么意思？

（2）

Good morning, Sir!
我叫陈阿土。
check out

（3）

（4）

2. 阅读或听老师读课后附录的小故事，根据故事内容填写下页表格。

Read or listen to the teacher read the story in Appendix 4, and complete the form below.

故事发生的时间	
故事发生的地点	
故事中的人物	
故事发生的原因	
故事的具体过程	
故事的结果	

发生 fāshēng
to happen

原因 yuányīn
reason

具体 jùtǐ
detailed

过程 guòchéng
process

结果 jiéguǒ
result

三、语言小贴士 Language Tips

时间顺序的叙述方式和时间词 Chronological Narration and Some Words or Expressions Indicating Time

叙述一件事情，我们常常是按照事情发生的先后顺序，先发生的先写，后发生的后写。例如：写旅游日记、记一件难忘的事情等，按照时间顺序来写就很方便。

在按照时间顺序叙述时，常常要用到时间词，如上午、中午、下午、晚上、夜晚、第一天、第二天、以前、过去、现在、以后、……之前、……之后、……期间、后来……、……的时候，等等。

☆ **按照时间顺序的叙述方式从外国服务员的角度写写这个故事，并想一想，他最后为什么说了“我叫陈阿土”。**

Rewrite the story from the perspective of the foreign attendant according to the chronological order, and explain why he said “I am Chen Atu” at the end of the story.

____

____

____

____

____

四、写作练习 Writing Exercises

1. 你有什么印象深刻的事情要告诉你的同学吗？请在课堂上快速地按时间顺序写下一件你印象最深刻的事。请写在练

习本的写作提纲或草稿的空白处。（200字左右）

Do you have anything impressive to tell your classmates about? Narrate in writing the event that left the deepest impression on you in the chronological order. Write it as soon as possible in class in the blank of "outline or draft" in the workbook (about 200 characters).

2. 和同学交换作文，互相阅读，针对同学的短文的内容，写下10个你想更多了解的问题，并将问题和短文一起还给你的同学。

Exchange your writing with one of your classmates, read his/her writing, write 10 questions you want to ask about the event, and then return the writing to your classmate together with the questions.

3. 根据同学的提问，使用恰当的时间词，按照时间顺序，详细地记一件你印象深刻的事。你可以在作文中回答同学的所有问题，也可以选择几个问题回答。请写在练习本上。（400字左右）

Narrate in writing in the chronological order the event that left the deepest impression on you in details, using proper words or expressions indicating time. In your writing, you can answer all the 10 questions your classmate asked or choose some to answer. Write it in the workbook (about 400 characters).

一件印象深刻的事

陈阿土是一个农民，上个星期，他去了英国。由于他是第一次出国旅行，又不会讲英语，因此闹了很多笑话。

到英国后的第二天早上，服务员送来早餐，并大声地对他说："Good morning, Sir！"陈阿土不会讲英语，自然听不懂。他想，在自己的家乡，一般陌生人见面都会问："您贵姓？"于是陈阿土大声回答道："我叫陈阿土！"这样连着三天，那个服务员每天早上都大声说："Good morning, Sir！"而陈阿土也大声回答："我叫陈阿土！"

第四天，陈阿土有点儿生气了，心里想，这个服务员也太笨了，怎么天天问我叫什么，告诉他又记不住。因此他去问导游，"Good morning, Sir"是什么意思。导游告诉他是"早上好，先生"的意思，他

早餐 zǎocān
breakfast

陌生人
mòshēng rén
stranger

笨 bèn
stupid

导游 dǎoyóu
tourist guide

觉得很难为情，回来后他反复练习“Good morning，Sir！”这个句子。第五天早上，陈阿土准备离开宾馆，他又见到了那位送早餐的服务员，陈阿土就笑着大声对他说：“Good morning，Sir！”可没想到，服务员却笑着答道：“我叫陈阿土！”

难为情
nánwéiqíng
embarrassed

6 LESSON 6

第6课
介绍一部电影
Introducing a Movie

一、小组讨论 Group Discussion

你喜欢看什么样的电影？你最近看过什么好看的电影？向同学介绍一下。

What kind of movies do you prefer? Have you watched any good movie recently? Talk about it to your classmates.

二、热身练习 Warm-up Exercises

1. 阅读或听老师读课后附录的电影介绍，猜猜每段介绍对应哪部电影，请连线。

Read or listen to the teacher read the movie highlights in Appendix 5, and match the following titles with the movies introduced in it.

语段A	《一个都不能少》
语段B	《宝葫芦的秘密》
语段C	《小城之春》

2. 根据附录中这些电影的介绍，写一写你最想看哪部电影，为什么？

Based on Appendix 5, which movie would you like to see most? Write down the reasons.

三、语言小贴士 Language Tips

段落的过渡 Transitions between Paragraphs

过渡，就是把文章中意思不同的前后段落连接起来，使它们形成一个整体。起过渡作用的，有连词、代词、表示时间和空间的词或短语等，如："但是"、"这样"、"后来"、"在那边"等；或者是一些起承上启下作用的句子，这些句子常常是一些带关联词的句子，如：前一段写孩子们的生活很艰苦，后一段写孩子们的学习很努力，两段之间可以有一个过渡句："虽然他们的生活很艰苦，但是孩子们学习却非常努力。"

整体 zhěngtǐ
whole

连词 liáncí
conjunction

代词 dàicí
pronoun

承上启下 chéng shàng qǐ xià
to connect the preceding with the following

关联词 guānliáncí
transitional word

六 想一想，下面的几个语段，选择哪种过渡方式把它们连成一个整体最合适。

Think and guess. Choose the proper transitional sentences or phrases to fill in the blanks to make the following paragraphs into a whole passage.

看完电影后，	可是，	开始的时候，

我觉得用这样的方法虽然管住了学生，但是却浪费了学生的时间。

làngfèi, to waste

我昨天看了中国的电影《一个都不能少》。电影讲了一个关于中国农村孩子的故事。一个小学的高老师因为家里有事，只好找十三岁的魏敏芝做临时代课老师。高老师让魏敏芝无论用什么办法一定要把学生管住，一个都不能少。

______我觉得很好笑。因为魏敏芝为了使学生一个都不少，每天数学生的人数，学生在教室里玩儿她都不管，只是守在教室门口，不到时间不让学生走。

______如果老师上课没有意思，学生怎么会喜欢来上课呢？这样把学

临时 línshí temporarily

代课 dài kè to be a substitute teacher

好笑 hǎoxiào funny

守 shǒu to guard

生留在教室里，就是浪费学生的时间，学生还是回家学习更好。

__________看到她为了找到去城里打工的学生，受了很多的苦，我又被她感动了。虽然这个老师普通话不标准，唱歌也不好听，上课上得也不好，但却是个好人。她一直记住高老师的话，学生一个都不能少，这说明她是一个很守信用的人。

__________我觉得中国的农村有些地方真是太穷了，那里的孩子太可怜了。我真有点儿不敢相信这是真的。我听说中国的孩子都是小皇帝，可是我看电影里的孩子们一个都不像皇帝。我很想去那样的地方看看，想去帮助那里的孩子，不过不知道这个地方在哪里。

打工 dǎ gōng
to do a temporary job

普通话 pǔtōnghuà
Mandarin

标准 biāozhǔn
standard

守信用 shǒu xìnyòng
keeping one's word, trustworthy

可怜 kělián
poor, pitiful

皇帝 huángdì
emperor

四、写作练习 Writing Exercises

1. 选择课后附录中的一个电影故事，根据你的想象把这个故事补充完整。（100字以上）

   Choose a movie story from Appendix 5 and complete the story using your own imagination (above 100 characters).

2. 向你的同学介绍一部你喜欢的电影，把电影故事的内容写下来，并向同学说明你喜欢它的原因，注意过渡句的使用。请写在写作练习本上。（400字左右）

Introduce a movie you like to your classmates, write down the story of the movie and explain to your classmates why you like it. Pay attention to the use of transitional sentences. Write it in the workbook (about 400 characters).

三部中国电影介绍

A. 这是一部儿童电影，讲了一个科幻故事。故事中的孩子是一个充满幻想的小学生。当他在学习或生活上碰到困难的时候，他常常希望有一个神奇的宝贝来帮他克服困难。一天，他真的得到了一个宝葫芦，他想要什么宝贝，葫芦都能帮助他得到。但是，经历了很多事情以后，孩子发现，原来宝葫芦的秘密是……

科幻故事 kēhuàn gùshi science fiction
幻想 huànxiǎng fantasy
神奇 shénqí magical
宝贝 bǎobèi treasure
克服 kèfú to overcome
宝葫芦 bǎohúlu magic gourd
经历 jīnglì experience
秘密 mìmì secret

B. 这部电影讲了一个关于中国农村孩子的故事。十三岁的魏敏芝因为家里穷，读完小学就不能再上学了，正好村里小学的高老师家里有事，需要有人替他上课，所以她就去那里做了代课老师。高老师走之前告诉魏敏芝，一定要好好教学生和管学生，班里的学生一个都不能少。魏敏芝答应了。

在这个班里，有一个小男孩儿因为家里很穷，不得不离开学校到城里去打工挣钱。魏敏芝因为答应过高老师，班里的学

穷 qióng poor
替 tì to substitute for
答应 dāying to promise
挣钱 zhèng qián to earn money

生一个都不能少，所以，她决心一定要把那个学生找回来，让他回到教室里上课。魏敏芝和她的学生们在下课后一起去工地打工挣钱，带着这些钱，她就一个人去城里找那个学生了……

决心 juéxīn to determine

工地 gōngdì building site

C. 这是中国的一部老电影。讲的是旧中国的一个爱情故事。在中国南方的一座小城里，一个年轻女人和她的丈夫过着平淡的生活。有一年春天，丈夫的同学来到了她家。这个年轻女人发现，丈夫的同学就是她过去的男朋友。见面后，年轻女人发现她和她原来的男朋友互相还爱着对方。同时，丈夫的妹妹也爱上了哥哥的这个同学。于是，在他们四个人中间，发生了很多故事。最后，每个人都作出了自己的决定……

旧中国 jiùzhōngguó Old China (China before 1949)

丈夫 zhàngfu husband

平淡 píngdàn simple

对方 duìfāng the other party

决定 juédìng decision

7

LESSON 7

第7课　写演讲稿：我心中最理想的工作

Writing a Speech Draft: My Dream Job

一、小组讨论 Group Discussion

在你们国家，年轻人现在都喜欢做哪些工作？为什么？你喜欢做什么工作？

Which jobs do young people in your country prefer and why? What is the job you like to do?

二、热身练习 Warm-up Exercises

1. 阅读课后附录的提纲，回答下面的问题。

Read the outline in Appendix 6, and answer the questions below.

（1）他/她毕业后想做什么工作？

____

（2）他/她喜欢他/她的汉语老师吗？他/她的汉语老师怎么样？

____

（3）在他/她的国家，汉语老师容易找到工作吗？为什么？

____

（4）他/她觉得做汉语老师有哪些好处？ hǎochu, advantage

（5）为了他/她的工作，他/她现在要怎么做？

zhíyè, profession

2. 下面这些职业有哪些优点和缺点，请你写下来，并按照你对它们的喜欢程度给它们排序。

Write down the merits and demerits of the professions below, and put them in order according to your level of preference.

工作	优点	缺点	你喜欢的程度
大公司职员			
小商店老板			
推销员			
公务员			
医生			

职员 zhíyuán
staff member

老板 lǎobǎn
boss

推销员 tuīxiāoyuán
salesperson

公务员 gōngwùyuán
public servant

三、语言小贴士 Language Tips

表达观点和理由的方法 Methods of Presenting Viewpoints and Reasons

表达观点的方法有：

（1）一开头就直接提出自己的观点；

（2）用提问的方式引出自己的观点；

（3）先写别人的观点，然后再提出自己的观点；

（4）先讲一个小故事，从故事中引出自己的观点；

……

要让别人接受你的观点，你就得具体说明你的理由。理由往往不止一条，要有条有理地陈述你的理由。引用别人的观点和说法，举一些具体的例子、数据，或进行正反对比等，都可以增强说服力。

理由 lǐyóu
reason

有条有理 yǒu tiáo yǒu lǐ
orderly

增强 zēngqiáng
strengthen

说服力 shuōfúlì
persuasion

想一想，猜一猜，请将合适的观点填到语段中，并说明这段话表达观点和表达理由的主要方法。

Think and guess. Fill in the blanks with the proper viewpoints given below, and illustrate the main methods used in each passage to present the viewpoint and the reason.

A. 中国人对学习汉语的外国人都很有耐心。

B. 前天，我在网上看到一个人因为找不到工作，所以自杀了。这个人的做法

耐心 nàixīn
patience

自杀 zìshā
to suicide

很傻。但是想想自己，我也有点儿担心，因为现在大学毕业生找工作竞争很激烈。

C. 这几年，中国大学生找工作困难是人们常常说起的，有人提出中国大学生可以去外国打工，可是这几年，外国年轻人的工作同样也不好找。

________________想去跨国公司、外资公司工作的毕业生多得挤破了头。为了增强自己的能力，每个人都很努力，比如准备各种能力考试、学外语等。听我的朋友说，在一些有名的大学，一些学生为了换学热门专业，刚进大学就开始准备插班考试；还有一些学生，为了学外语而去外国留学。但是如今因为在外国的留学生很多，所以会说一门外语，已经是很一般的能力了。

表达观点的方法________________

表达理由的方法________________

________________欧盟估计，今年大概有500万的年轻人，或者说

傻 shǎ
stupid

竞争 jìngzhēng
to compete

激烈 jīliè
severe

跨国 kuàguó
multinational

外资 wàizī
foreign capital

热门 rèmén
popular

插班 chā bān
to join a class in the middle of the course

如今 rújīn
nowadays

欧盟 Ōuméng
The European Union

估计 gūjì
to estimate

20%的二十五岁以下的人都不会找到工作。这一数字几乎要比一年前高了三分之一，同时也高于欧盟整体的失业率8.9%。

整体 zhěngtǐ whole
失业率 shīyèlǜ unemployment rate

表达观点的方法____________________

表达理由的方法____________________

____________________假设你们在自己的国家，一个学习英语的学生开始跟你说很差的英语，你会有什么反应？以前我肯定会对这个人很不耐烦，小看他。但是，在中国我发现，中国人不是这样的。他们觉得外国人学汉语对他们来说是一种荣誉。当我有困难时，总会有中国人认真地帮助我，包括我的老师、商店的营业员、饭馆的老板、打扫教室的阿姨……

反应 fǎnyìng response
不耐烦 bú nàifán impatient
小看 xiǎokàn to look down upon
荣誉 róngyù honor

表达观点的方法____________________

表达理由的方法____________________

四、写作练习 Writing Exercises

1. 学校要举行外国留学生的演讲比赛，题目是《我心中最理想的工作》。请模仿课后附录，在写作练习本的“写作提纲或草稿”的空白处写一个提纲。

   Suppose there will be a speech contest among the foreign students on your campus. The title is My Dream Job. Write an outline of your speech in the blank of "outline or draft" in the workbook following the example in Appendix 6.

2. 根据提纲，写写你心中理想的工作是什么，并说明为什么它是你理想的工作。使用合适的表达观点和理由的方法。请写在写作练习本上。（400字左右）

   Based on your outline, write about your ideal job using the proper method of presenting viewpoints and reasons, and explain the reasons. Write it in the workbook (about 400 characters).

3. 几个人一组，在小组中大声朗读各自写的演讲稿，并互相进行修改。

   Read aloud your speech draft in a group of a few students, and make revision for each other.

10

附录 Appendix 6

《我想做一名汉语老师》写作提纲

开头：你毕业后想做什么工作呢？我以前想做医生，但现在想做一名汉语老师。

原因：（1）因为我学习了汉语：我学习汉语的经历和感受（gǎnshòu, feeling）

（2）我的汉语老师给我的印象：
- 和学生关系很好
- 工作的时候很快乐

（3）汉语在我们国家的情况：很多人想学习汉语，但是汉语老师不多

（4）做汉语老师的好处：
- 和医生比，有很长的假期（jiàqī, vacation）
- 容易找到工作
- 能认识很多对汉语或中国感兴趣的朋友
- 可以继续学习和使用汉语

结尾：为了能成为汉语老师，我现在要努力学习，要把汉语说得像中国人一样好。我相信通过自己的努力，一定能成为一名非常好的汉语老师。

8

LESSON 8

第8课
复　习
Review

一、小组讨论 Group Discussion

在这个学期的写作练习中，你觉得哪一课的练习对你帮助最大？哪一课的练习对你来说最难？

Among the writing exercises in this semester, which one do you think is the most helpful to you? Which one do you think is the most difficult?

二、重新阅读 Rereading

重新阅读写作练习本中的七篇作业，列出每次作业中你的主要语言错误，并自己订正。

Reread your 7 writings in the Workbook of Chinese Writing, list the main mistakes in your writings and correct them by yourself.

题目	错误与订正	
1. 给老师、朋友和同学的明信片	错误	
	订正	
2. 写租房启事：描述理想中的卧室	错误	
	订正	
3. 写转让启事	错误	
	订正	
4. 记一个特别的人	错误	
	订正	

题目	错误与订正	
5. 记一件印象深刻的事	错误	
	订正	
6. 介绍自己喜欢的一部电影	错误	
	订正	
7. 写演讲稿：我心中最理想的工作	错误	
	订正	

三、交换阅读 Exchange and Read

和你的一位同学交换写作练习本，阅读他/她的作业，并选出你觉得他/她写得最好的一篇，看看里面有哪些值得你学习的好的词语和句子，把它们写在练习本上。

Exchange your Workbook of Chinese Writing with one of your classmates, read his / her writings, choose the best one, and write down the well-used words and sentences in it in the workbook.

四、重新写作 Rewriting

找出你最不满意的一次作业，想一想为什么你感到最不满意，请在写作练习本上重新写一遍。

Decide which is the least satisfying work of yours, think about why it is the least satisfying and rewrite it in the Workbook of Chinese Writing.

词汇表
Vocabulary

第1课

明信片	míngxìnpiàn	postcard
想念	xiǎngniàn	to miss
土楼	tǔlóu	earth building
客家	kèjiā	Hakka
民谣	mínyáo	folk song
超强	chāoqiáng	super powerful
担心	dānxīn	worried
迷路	mílù	to get lost
方向感	fāngxiànggǎn	sense of direction
好久	hǎojiǔ	long time
近况如何	jìnkuàng rúhé	how are you recently
近来一切可好	jìnlái yíqiè kě hǎo	how is everything going recently
久未通信	jiǔ wèi tōng xìn	haven't written to you for a long time
甚念	shèn niàn	to miss somebody very much
烤鸭	kǎoyā	roast duck
长城	Chángchéng	the Great Wall
古老	gǔlǎo	old
雄伟	xióngwěi	majestic
首都	shǒudū	capital
美味	měiwèi	delicious
著名	zhùmíng	famous
不到长城非好汉	bú dào Chángchéng fēi hǎohàn	He who has never been to the Great Wall is not a true man.
印象	yìnxiàng	impression
可惜	kěxī	pity
广场	guǎngchǎng	square
升旗	shēng qí	to raise a flog
仪式	yíshì	ceremony
热情	rèqíng	warm-hearted

第2课

租房	zū fáng	to rent an apartment
环境	huánjìng	surrounding
合租	hézū	joint renting
套	tào	suite
衣柜	yīguì	wardrobe
写字台	xiězìtái	desk
欲	yù	to want
相处	xiāngchǔ	to get along with

社会关系	shèhuì guānxi	social relations
面议	miànyì	to negotiate face to face
文静	wénjìng	quiet and refined
基本	jīběn	fundamental
无	wú	no
不良	bùliáng	bad
考研	kǎo yán	to take the entrance exams for a postgraduate program
装修	zhuāngxiū	to renovate
即可	jíkě	will be OK
厨房	chúfáng	kitchen
卫生间	wèishēngjiān	wash room
生活设施	shēnghuó shèshī	living facilities
整洁	zhěngjié	tidy and clean
方位词	fāngwèicí	location word
单音节	dānyīnjié	monosyllable
双音节	shuāngyīnjié	disyllable
草地	cǎodì	lawn
餐厅	cāntīng	cafeteria
客厅	kètīng	living room
客房	kèfáng	guest room
卧室	wòshì	bedroom

第3课

转让	zhuǎnràng	transfer
耐用	nàiyòng	durable
易	yì	easy
擦洗	cāxǐ	to wipe
宽	kuān	width
深	shēn	depth
床垫	chuángdiàn	mattress
美观大方	měiguān dàfāng	beautiful to look at
拆	chāi	to remove
支脚	zhījiǎo	supporting foot
九成	jiǔchéng	90%
数码	shùmǎ	digital
像素	xiàngsù	pixel
播放	bōfàng	to play (a tape, video, etc.)
功能	gōngnéng	function
丰富多彩	fēngfù duōcǎi	colorful
搬家	bān jiā	to move one's home
银灰色	yínhuīsè	silver gray
电脑	diànnǎo	computer
书柜	shūguì	bookcase
上门	shàng mén	to drop in
形状	xíngzhuàng	shape
羊毛	yángmáo	wool
质地	zhìdì	texture
透气	tòuqì	airy
保暖	bǎonuǎn	warm
舒适	shūshì	comfortable
世博会	Shìbóhuì	World Exposition
吉祥物	jíxiángwù	mascot
体积	tǐjī	size
重量	zhòngliàng	weight

折叠	zhédié	to fold
环保	huánbǎo	environment friendly
省钱	shěngqián	economical
翻盖	fāngài	flip (mobile phone)
时尚	shíshàng	fashionable
引领	yǐnlǐng	to lead
整理	zhěnglǐ	to arrange
扔	rēng	to throw
主意	zhǔyi	idea
商量	shāngliang	to talk over, to discuss

第4课

性格	xìnggé	personality
重点	zhòngdiǎn	focal point
展开	zhǎnkāi	to develop
概括	gàikuò	summarization
连接	liánjiē	to connect (two themes)
白里透红	bái lǐ tòu hóng	(of complexion) milk and rose
愿意	yuànyì	to be willing to
假装	jiǎzhuāng	to pretend
继续	jìxù	to continue
不肯	bù kěn	to refuse (to do)
开玩笑	kāi wánxiào	to play a joke
人力三轮车	rénlì sānlúnchē	pedicab
车夫	chēfū	pedicab driver
凉快	liángkuai	cool
故意	gùyì	on purpose
采访	cǎifǎng	to interview
主动	zhǔdòng	on one's own initiative
打扫卫生	dǎsǎo wèishēng	to do some cleaning
黑板	hēibǎn	blackboard
抬头	tái tóu	to raise one's head
吓一跳	xià yí tiào	to get a scare
无聊	wúliáo	bored
洞	dòng	hole
扫兴	sǎoxìng	disappointing
受不了	shòu bù liǎo	can't stand

第5课

印象	yìnxiàng	impression
深刻	shēnkè	deep
发生	fāshēng	to happen
原因	yuányīn	reason
具体	jùtǐ	detailed
过程	guòchéng	process
结果	jiéguǒ	result
早餐	zǎocān	breakfast
陌生人	mòshēng rén	stranger
笨	bèn	stupid
导游	dǎoyóu	tourist guide
难为情	nánwéiqíng	embarrassed

第6课

整体	zhěngtǐ	whole
连词	liáncí	conjunction

代词	dàicí	pronoun
承上启下	chéng shàng qǐ xià	to connect the preceding with the following
关联词	guānliáncí	transitional word
浪费	làngfèi	to waste
临时	línshí	temporarily
代课	dài kè	to be a substitute teacher
好笑	hǎoxiào	funny
守	shǒu	to guard
打工	dǎ gōng	to do a temporary job
普通话	pǔtōnghuà	Mandarin
标准	biāozhǔn	standard
守信用	shǒu xìnyòng	keeping one's word, trustworthy
可怜	kělián	poor, pitiful
皇帝	huángdì	emperor
科幻故事	kēhuàn gùshi	science fiction
幻想	huànxiǎng	fantasy
神奇	shénqí	magical
宝贝	bǎobèi	treasure
克服	kèfú	to overcome
宝葫芦	bǎohúlu	magic gourd
经历	jīnglì	experience
秘密	mìmì	secret
穷	qióng	poor
替	tì	to substitute for
答应	dāying	to promise
挣钱	zhèng qián	to earn money
决心	juéxīn	to determine
工地	gōngdì	building site
旧中国	jiùzhōngguó	Old China (China before 1949)
丈夫	zhàngfu	husband
平淡	píngdàn	simple
对方	duìfāng	the other party
决定	juédìng	decision

第7课

好处	hǎochu	advantage
职业	zhíyè	profession
职员	zhíyuán	staff member
老板	lǎobǎn	boss
推销员	tuīxiāoyuán	salesperson
公务员	gōngwùyuán	public servant
理由	lǐyóu	reason
有条有理	yǒu tiáo yǒu lǐ	orderly
增强	zēngqiáng	strengthen
说服力	shuōfúlì	persuasion
耐心	nàixīn	patience
自杀	zìshā	to suicide
傻	shǎ	stupid
竞争	jìngzhēng	to compete
激烈	jīliè	severe
跨国	kuàguó	multinational
外资	wàizī	foreign capital
热门	rèmén	popular
插班	chā bān	to join a class in the middle of the course
如今	rújīn	nowadays

欧盟	Ōuméng	The European Union	不耐烦	bú nàifán	impatient
估计	gūjì	to estimate	小看	xiǎokàn	to look down upon
整体	zhěngtǐ	whole	荣誉	róngyù	honor
失业率	shīyèlǜ	unemployment rate	感受	gǎnshòu	feeling
反应	fǎnyìng	response	假期	jiàqī	vacation

部分练习参考答案
Keys to Some Exercises

第1课　写明信片

二、热身练习

1. 阅读下面的明信片，回答问题。

明信片1

（1）这是刘伟写的。他觉得这次旅行很开心。

（2）他在福建土楼旅行。那儿的邮政编码是361021。

（3）这张明信片要寄到江苏省南京市中山东路369号。

明信片2

（1）小林在上海。Shelly在北京。

（2）Shelly以前去过北京。她觉得北京很美。

（3）Shelly带了GPS。因为她担心迷路。

2. 阅读课后附录或听老师读，填写下面的表格。

旅行的地方	北京
当地的特点	马路很宽，人很多
有名的风景点	天安门广场、长城
当地的天气	很热
当地的美食	北京烤鸭
当地人的特点	很热情，爱跟别人聊天
旅行的感受	很喜欢，希望明年能再来北京旅行

三、语言小贴士

想一想，下列问候方式哪些是书面语的，哪些是口语的？

（1）好久没见，最近怎么样啊？（口语）

（2）近来一切可好？（书面语）

（3）嗨，早上好！出去啊？（口语）

（4）下班了？（口语）

（5）近况如何？（书面语）

第2课　写租房启事

二、热身练习

1. 阅读下面的合租启事，回答问题。

（1）这个房子在世纪城。

（2）房子里面有床、衣柜、沙发、写字台和一些简单的家电。

（3）小区周围有超市和饭店，交通方便。

（4）李小姐对合租人的要求是：女性，容易相处，社会关系简单，最好是大学生。

（5）打电话：84744479。

2. 阅读下面的求租启事，你认为哪个人比较适合与上面启事中的李小姐合租，为什么？

A比较适合，她是女性，要求有基本的家具、家电，与合租启事的要求比较符合。B是男性。C不要合租。

三、语言小贴士

根据下面的图画，完成填空。

天华公寓在我们这个城市非常有名。公寓的<u>　东边　</u>有一条小河，南边是一个很大的超市，西边是一个公园，公园里有一片很大的草地，北边是一个学校。

我在这座公寓里有一套100多平方米的房子。走进房间的大门，左边是客厅，右边是餐厅，餐厅的西边是厨房。厨房的西边是书房。我的卧室在房子的最西边，里面 / 卧室里有一个小阳台。客厅的南边有一个大阳台，西边是卫生间。客房在卫生间和孩子的卧室的中间。

第3课　写转让启事

二、热身练习

1. 根据图片回答问题。

（1）找出和下面文字说明相对应的图片。

A—图2；B—图1；C—图3

2. 阅读下面两则转让启事，填写后面的表格。

	启事1	启事2	
转让物品	三星蓝调I8数码相机	容声冰箱	电脑桌
主要特点	(1) 九成新，800万像素，2.7寸LCD屏 (2) 除拍照以外，还可以播放MP4、MP3，读小说和查找旅行信息 (3) 具有“世界旅游指南”的功能	九成新，银灰色，高190cm	白色，八成新，大约100cm宽，150cm长，上面有白色书柜

续表

	启事1	启事2	
联系人	陈小姐	何先生	何先生
联系电话	13000011234	13197681234	13197681234
希望价格	1000元	价格面议	价格面议
其他说明	无	可上门看货	可上门看货

三、语言小贴士

找出和后面图片相应的语段，填在图下方的横线上，并写出物品的名称。

图2：E，手机；图3：D，折叠式自行车；

图4：B，袜子；图5：A，电脑桌。

第4课　记一个特别的人

三、语言小贴士

找出下面几个语段的主题句，用______画出来。

A. 我的妹妹今年13岁了。她的头发黑黑的，短短的；她的大眼睛一眨一眨，好像会说话；她圆圆的小脸，白里透红；还有她那张小嘴，说起话来甜甜的。她真是一个人见人爱的小姑娘。

B. 圆圆在学校听老师的话，爱学习，上课的时候很认真，下了课还经常帮助同学，常常受到老师的表扬。学校里的圆圆是个好孩子，可是家里的圆圆却完全不一样了。在家里，菜不好吃，圆圆就哭着不愿意吃；妈妈叫她扫地，她就假装没听见，继续玩儿她的游戏；特别是晚上睡觉时间到了，圆圆怎么都不肯睡，一直吵着还要看电视。

C. 我的韩国朋友很喜欢跟人开玩笑。有一次，他在北京坐人力三轮车，那天天气特别好，车夫跟他聊天，问他凉快不凉快。到了目的地，该付钱的时候，他掏出两块钱给车夫，车夫很吃惊地说："怎么回事儿？才这么点儿！"他说："你不是说两块吗？哈哈……" 原来，他故意把"凉快"说成"两块"，和车夫开玩笑呢！

四、写作练习

1. 阅读或听老师读课后附录留学生桃子和中国小朋友的一段对话，完成下面的表格。

表姐的特点	表现表姐特点的事情
小美女	有一双大大的眼睛，特别好看，还有一对酒窝。
非常爱劳动	在学校……（略） 在家……（略）
爱学习	一直看书，没有看见虫子。
太认真	裙子有个小洞，一定要回家换一条才出来玩儿。

第5课　记一件印象深刻的事

二、热身练习

1. 按时间顺序给下面的四幅漫画排序，并简短地介绍每幅画的内容，写在图下面的横线上。

（1）星期天上午九点，陈阿土下了飞机。他第一次到外国旅行，感觉很新鲜。

（4）第二天早上，在宾馆的房间，服务员送来早餐，并对他说“Good morning, Sir”。陈阿土以为服务员在问他叫什么名字，所以他说“我叫陈阿土”。后来的两天，服务员每天都这样说，陈阿土都这样回答。

（2）他问年轻的女导游“Good morning, Sir”是什么意思？导游告诉他是“早上好，先生”。

（3）陈阿土离开宾馆的那天早上，他对那个外国服务员说“Good morning, Sir”，外国服务员说“我叫陈阿土”。

2. 阅读或听老师读课后附录的小故事，根据故事内容填写下页表格。

故事发生的时间	上个星期
故事发生的地点	英国的一家宾馆
故事中的人物	陈阿土、服务员
故事发生的原因	陈阿土第一次出国旅行，又不会讲英语
故事的具体过程	第二天早上，服务员对他说“Good morning, Sir”，他以为是问他“您贵姓”，所以他大声回答：“我叫陈阿土”。 后来的两天，服务员每天都对他说“Good morning, Sir”，他觉得很奇怪，为什么服务员记不住他的名字。 第四天，他问导游后，知道了这是“早上好，先生”的意思。

续表

故事的结果	第五天他见到那个说“Good morning，Sir”的服务员，陈阿土大声对服务员说：“Good morning，Sir！”服务员大声回答说：“我叫陈阿土！”

第6课　介绍一部电影

二、热身练习

1. 阅读或听老师读课后附录的电影介绍，猜猜每段介绍对应哪部电影，请连线。

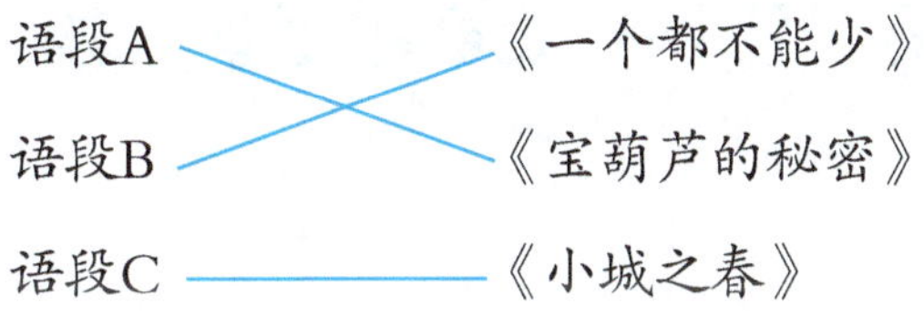

三、语言小贴士

想一想，下面的几个语段，选择哪种过渡方式把它们连成一个整体最合适。

我昨天看了中国的电影《一个都不能少》。电影讲了一个关于中国农村孩子的故事。一个小学的高老师因为家里有事，只好找十三岁的魏敏芝做临时代课老师。高老师让魏敏芝无论用什么办法一定要把学生管住，一个都不能少。

开始的时候，我觉得很好笑。因为魏敏芝为了使学生一个都不少，每天数学生的人数，学生在教室里玩儿她都不管，只是守在教室门口，不到时间不让学生走。

我觉得用这样的方法虽然管住了学生，但是却浪费了学生的时间。

如果老师上课没有意思，学生怎么会喜欢来上课呢？这样把学生留在教室里，就是浪费学生的时间，学生还是回家学习更好。

可是，看到她为了找到去城里打工的学生，受了很多的苦，我又被她感动了。虽然这个老师普通话不标准，唱歌也不好听，上课上得也不好，但却是个好人。她一直记住高老师的话，学生一个都不能少，这说明她是一个很守信用的人。

看完电影后，我觉得中国的农村有些地方真是太穷了，那里的孩子太可怜了。我真有点不敢相信这是真的。我听说中国的孩子都是小皇帝，可是我看电影里的孩子们一个都不像皇帝。我很想去那样的地方看看，想去帮助那里的孩子，不过不知道这个地方在哪里。

第7课　写演讲稿：我心中最理想的工作

二、热身练习

1. 阅读课后附录的提纲，回答下面的问题。

（1）他/她毕业后想做一名汉语老师。

（2）他/她喜欢他/她的汉语老师。他/她的汉语老师和学生关系很好，工作的时候很快乐。

（3）在他/她的国家，汉语老师容易找到工作。因为很多人想学习汉语，但是汉语老师不多。

（4）他/她觉得做汉语老师的好处有：很长的假期；容易找到工作；能认识很多对汉语或中国感兴趣的朋友；可以继续学习和使用汉语。

（5）为了他/她的工作，他/她现在要努力学习，要把汉语说得像中国人一样好。

三、语言小贴士

想一想，猜一猜，请将合适的观点填到语段中，并说明这段话表达观点和表达理由的主要方法。

B. 前天，我在网上看到一个人因为找不到工作，所以自杀了。这个人的做法很傻。但是想想自己，我也有点儿担心，因为现在大学毕业学生找工作竞争很激烈。想去跨国公司、外资公司工作的毕业生多得挤破了头。为了增强自己的能力，每个人都很努力，比如准备各种能力考试、学外语等。听我的朋友说，在一些有名的大学，一些学生为了换学热门专业，刚进大学就开始准备插班考试；还有一些学生，为了学外语而去外国留学。但是如今因为在外国的留学生很多，所以会说一门外语，已经是很一般的能力了。

表达观点的方法 先举例子，从例子中引出自己的观点

表达理由的方法 举例子

C. 这几年，中国大学生找工作困难是人们常常说起的，有人提出中国大学生可以去外国打工，可是这几年，外国年轻人的工作同样也不好找。欧盟估计，今年大概有500万的年轻人，或者说20%的二十五岁以下的人都不会找到工作。这一数字几乎要比一年前高了三分之一，同时也高于欧盟整体的失业率8.9%。

表达观点的方法 先写别人的观点，然后再提出自己的观点

表达理由的方法 用数据

A. 中国人对学习汉语的外国人很有耐心。假设你们在自己的国家，一个学习英语的学生开始跟你说很差的英语，你会有什么反应？以前我肯

定会对这个人很不耐烦，小看他。但是，在中国我发现，中国人不是这样的。他们觉得外国人学汉语对他们来说是一种荣誉。当我有困难时，总会有中国人认真地帮助我，包括我的老师、商店的营业员、饭馆的老板、打扫教室的阿姨……

表达观点的方法 一开头就直接提出自己的观点

表达理由的方法 进行正反对比、举例子

第1课 写明信片

第一张明信片

作文要求：____

____

____

这张明信片是__________（谁）写给__________（谁）的

写作提纲或草稿：

写明信片：

（字数要求：__________________）

第二张明信片

这张明信片是 ____________（谁）写给 ____________（谁）的

写作提纲或草稿：

写明信片：

（字数要求：＿＿＿＿＿＿＿＿）

第三张明信片

____

____

____

这张明信片是 ______________（谁）写给 ______________（谁）的

写作提纲或草稿：

写明信片：

（字数要求：________________）

第2课 写租房启事

作文要求：______________________________

____

____

这篇文章是 ____________（谁）写给 ____________（谁）的

写作提纲或草稿：

写作文：

（字数要求：＿＿＿＿＿＿＿＿＿）

10×11＝110字

10 × 12 = 120字

$10 \times 12 = 120$字

第3课 写转让启事

作文要求：______________________________

____

____

这篇文章是 ______________（谁）写给 ______________（谁）的

写作提纲或草稿：

写作文：

（字数要求：________________）

10×11＝110字

10 × 12 = 120字

第4课 记一个特别的人

作文要求：______________________________

____

____

这篇文章是 ______________（谁）写给 ______________（谁）的

写作提纲或草稿：

写作文：

（字数要求：______________）

10 × 11 = 110字

$10 \times 12 = 120$字

10 × 12 = 120字

第5课 记一件印象深刻的事

作文要求：______

______

______

这篇文章是 ______（谁）写给 ______（谁）的

写作提纲或草稿：

写作文：

（字数要求：______________________）

10 × 11 = 110字

$10 \times 12 = 120$字

10 × 12 = 120字

$10 \times 12 = 120$字

第6课 介绍一部电影

作文要求：________________________________

____

____

这篇文章是____________（谁）写给____________（谁）的

写作提纲或草稿：

写作文：

（字数要求：________________）

10 × 11 = 110字

10 × 12 = 120字

$10 \times 12 = 120$字

10 × 12 = 120字

第7课 写演讲稿：我心中最理想的工作

作文要求：＿＿＿＿＿＿＿＿＿＿＿＿＿＿＿＿＿＿＿＿＿＿＿＿＿＿

＿＿＿＿＿＿＿＿＿＿＿＿＿＿＿＿＿＿＿＿＿＿＿＿＿＿＿＿＿＿＿＿

＿＿＿＿＿＿＿＿＿＿＿＿＿＿＿＿＿＿＿＿＿＿＿＿＿＿＿＿＿＿＿＿

这篇文章是＿＿＿＿＿＿＿（谁）写给＿＿＿＿＿＿＿（谁）的

写作提纲或草稿：

写作文：

（字数要求：________________）

$10 \times 11 = 110$字

10 × 12 = 120字

10 × 12 = 120字

10 × 12 = 120字

第8课 复 习

______________（哪个）同学的作文______________

______________（作文题目）写得最好

这篇作文中的好词和好句：

$10 \times 8 = 80$字

$10 \times 12 = 120$字

最不满意的作文是 ____________________（作文题目）

不满意这篇作的原因：

10×10＝100字

第二次写作

作文要求：________________

____

____

这篇文章是 ________（谁）写给 ________（谁）的

写作提纲或草稿：

写作文：

（字数要求：________________）

10 × 11 = 110字

10 × 12 = 120字

10 × 12 = 120字

10 × 12 = 120字